AF223517

LETTRES

RÉPUBLICAINES

PAR

GEORGES COULON

ANCIEN PRÉFET DE LA DÉFENSE NATIONALE
AVOCAT A LA COUR D'APPEL DE PARIS

La République sera démocratique
ou elle ne sera pas conservatrice.

DEUXIÈME ÉDITION

PARIS

LIBRAIRIE GERMER BAILLIÈRE,

17, RUE DE L'ÉCOLE-DE-MÉDECINE, 17

—

1873

LETTRES

RÉPUBLICAINES

PAR

GEORGES COULON

ANCIEN PRÉFET DE LA DÉFENSE NATIONALE

AVOCAT A LA COUR D'APPEL DE PARIS

> La République sera démocratique
> ou elle ne sera pas conservatrice.

DEUXIÈME ÉDITION

PARIS

LIBRAIRIE GERMER BAILLIÈRE,

17, RUE DE L'ÉCOLE-DE-MÉDECINE, 17

—

1873

AVANT-PROPOS.

Si la République ne peut exister qu'à la condition d'être conservatrice, la République conservatrice ne peut durer qu'à la condition d'être démocratique : telle est la pensée qui inspire ce petit livre.

C'est afin de marquer ce double point de vue que j'ai placé l'expression d'idées démocratiques sous la plume d'un homme qui puise dans son passé, sa situation, sa fortune et ses goûts personnels des sentiments très-profondément conservateurs.

Pour la clarté de la discussion, j'ai fait intervenir un contradicteur. Il a écrit les lettres les plus courtes parce qu'il n'avait pas à faire l'exposé de la thèse, mais uniquement à formuler les objections qu'elle peut soulever.

J'aurais pu le représenter sous les traits d'un illuminé ou d'un intrigant, et l'on m'accordera qu'il n'eut pas été difficile d'en trouver les types. J'ai préféré lui donner la physionomie d'un homme sincère, convaincu, et exprimant sous une forme sensée des idées que j'ai le droit de considérer comme des erreurs.

Les questions que je me suis proposé de traiter ont un caractère actuel et général, mais elles intéressent particulièrement une noble et patriotique contrée à laquelle je reste attaché par mes souvenirs. La Vendée est animée d'un esprit vraiment libéral et obéit à des tendances très-républicaines, mais elle se débat sous la domination d'hommes qui ne peuvent conserver leur influence politique qu'à la condition de maintenir le peuple dans l'ignorance ou d'égarer l'opinion publique par leurs écrits. J'aurai réalisé la meilleure partie de ma tâche si j'achève de convaincre mes compatriotes Vendéens que cette presse monarchique, qui chaque jour insulte la République et les républicains, ne représente plus aujourd'hui que le parti du désordre et de la violence.

Paris, le 11 mai 1873.

GEORGES COULON.

LETTRES

RÉPUBLICAINES

PREMIÈRE LETTRE.

CE QUE SIGNIFIE LA RÉPUBLIQUE CONSERVATRICE.

LE RÉPUBLICAIN AU CONSERVATEUR

MONSIEUR,

Si je me défie de votre sens politique, j'ai du moins une confiance entière dans votre bonne foi. Je ne vous confonds pas avec ces énergumènes du trône et de l'autel, qui jettent l'injure à la face de tous les républicains, quelque honorable que soit leur passé et quelque pures que soient leurs intentions; et, tout en réservant mon opinion sur certaines personnes qui vous entourent, je me hâte de déclarer que pour vous personnellement je professe une sincère estime. Je serai donc heureux de me conformer à votre désir et de reprendre une correspondance depuis longtemps interrompue. Je le ferai sinon avec l'espoir, du moins avec le très-vif désir d'arriver à une entente que me semblerait justifier d'ailleurs notre situation respective.

Nous appartenons tous deux au monde de la bourgeoisie. Vous vivez en gentilhomme campagnard dans le Boccage vendéen ; je suis notaire à Paris. Quelle que soit la différence de nos occupations, nous avons l'un et l'autre d'importants intérêts à sauvegarder. Il semble donc que nous devrions être facilement d'accord, et pourtant la distance qui nous sépare est considérable. Je veux vous en faire mesurer toute l'étendue.

Dans un de ses discours, M. Thiers disait qu'il aurait désiré pour son pays les institutions anglaises, mais qu'il voyait bien que cette pensée était irréalisable et qu'il était, quant à lui, disposé à franchir l'Atlantique pour aller chercher son modèle en Amérique. Qu'un pur conservateur comme M. Thiers se soit converti aux principes d'une pure démocratie comme celle des États-Unis, j'avoue que la chose m'a donné à réfléchir. La République conservatrice ne serait-elle donc qu'une forme de la République démocratique ? En apparence, ces deux mots se heurtaient ; mais j'ai bien vite découvert qu'au fond ils s'accordaient à merveille. Le suffrage universel s'est, en effet, profondément incrusté dans nos mœurs. Il répond aux tendances et aux exigences de notre époque. C'est un fait non-seulement actuel, mais encore durable et nécessaire. Il n'est donc plus possible d'y porter atteinte sans provoquer des résistances violentes et entraîner le pays dans de nouvelles révolutions. Dès lors j'ai compris comment la République démocratique, qui repose tout entière sur le suffrage universel, se confondait dans l'esprit de M. Thiers avec la République conservatrice. Et moi, monsieur, qui ai toujours été conservateur, et précisément parce que je l'ai toujours été, je suis tout à coup devenu démocrate. — Démocrate ! vous un homme grave, un notaire ! — Oui, monsieur, démocrate. C'est scandaleux, mais c'est ainsi.

En lisant votre dernière lettre, il m'est apparu que vous, au contraire, vous nourrissiez contre le suffrage universel les plus noirs desseins, et que, sans vous prononcer nettement sur la question de république ou de monarchie, vous étiez très-affirmatif pour repousser tout gouvernement démocratique. C'est là, pour un homme d'ordre, une tendance bien dangereuse. Au lieu de prévenir les révolutions en vous prêtant à un progrès pacifique et légal, vous allez les provoquer en voulant forcer un retour vers le passé. Vous êtes, monsieur, un pur réactionnaire, c'est-à-dire un révolutionnaire en bourgeois. Je pourrais donc vous enlever cette couronne de conservateur dont vous êtes si fier et la placer sur ma tête. Mais, ayant quant à moi le titre de républicain et le trouvant fort honorable, je le garderai si vous le voulez bien, vous laissant d'ailleurs toute liberté de vous parer d'un nom que vous ne méritez pas.

Ce désaccord entre nous est trop ancien pour qu'il puisse nous surprendre. Il remonte, si j'ai mémoire, aux dernières années du règne de Louis-Philippe. Vous preniez alors parti pour M. Guizot, et ne vouliez entendre parler ni des incompatibilités parlementaires, ni de l'adjonction des capacités. Vous vous êtes mis en révolte contre le suffrage universel et avez fait voter par vos députés la loi du 31 mai. Le coup d'État a soulevé votre conscience et contrarié vos tendances en rétablissant le suffrage universel ; mais il rassurait vos intérêts, et vous l'avez accueilli avec une sorte de résignation satisfaite. Vous avez voté sous l'Empire en faveur de candidats orléanistes qui faisaient de l'opposition une affaire de coquetterie. Les chimères de l'Empire libéral vous ont plu, et vous avez voté *oui* au plébiscite. Après nos premiers revers vous avez demandé la paix, la paix à tout prix. M. Thiers a fait la paix, et cependant vous n'avez cessé depuis lors de lui faire la guerre, et la guerre la plus ardente.

Moi, monsieur, dès 1846 je soutenais M. Thiers, et je demandais la réforme électorale. J'ai accepté le suffrage universel sans enthousiasme, mais comme un fait accompli. J'ai soutenu de tout mon pouvoir le gouvernement du général Cavaignac. Après le coup d'État de décembre, j'ai endossé mon habit de garde national ; j'ai pris mon fusil et suis allé me mettre à la disposition de l'Assemblée, réunie à la mairie du 10e arrondissement. Sous l'Empire, dès 1857, j'ai voté pour un républicain, homme de grand talent qui. depuis…, mais alors avait peu de passé et beaucoup d'avenir, deux choses qui me plaisaient infiniment. J'ai flairé l'Empire libéral et senti qu'il ne cachait rien de bon. J'ai voté *non* au plébiscite, et, quand la guerre a éclaté, je me suis donné avec passion et de toute mon âme à la défense nationale. Aujourd'hui encore je demeure convaincu que la victoire était possible, si vous et vos amis n'aviez pas encouragé le découragement en criant que toute résistance était vaine. Depuis lors, j'ai constamment défendu le gouvernement de M. Thiers, admirant les grandes choses qu'il a faites et lui sachant un gré infini des services qu'il rendait au pays d'abord, et à la cause républicaine ensuite.

Tels sont, monsieur, nos antécédents politiques. Nous n'avons jamais placé notre idéal, vous bien loin dans le passé, ni moi bien loin dans l'avenir ;

mais il n'est pas moins vrai que nous nous disputons le présent au nom de deux idées contraires : vous puisez votre principe dans les traditions d'un peuple, et je puise le mien dans ses aspirations. Vous êtes un homme d'autorité, et je suis un homme de liberté.

Sans que vous vous en rendiez bien compte, vous éprouvez une sorte de respect pour les hommes favorisés par la naissance ou la fortune et une sorte de dédain pour les masses. J'éprouve des sentiments tout opposés.

Sans doute, vous êtes indépendant et compatissant; mais il y a quelque humilité dans votre indépendance et quelque hauteur dans votre compassion. Je suis moins charitable, mais je prise davantage la dignité humaine.

Vous étudiez les faits pour en découvrir les lois, et moi j'étudie les lois pour en trouver l'application. Vous raisonnez avec une grande hardiesse, mais vous agissez avec une extrême timidité. Je remonte peut-être moins haut vers les principes, mais je tiens compte des faits. Je hais les discussions stériles. J'aime l'action.

Votre machine gouvernementale est savante et de belle apparence, mais elle ne peut être mise en mouvement que par une force extérieure. La mienne est simple, grossière, mais elle porte sa force en elle-même.

J'aime à me représenter votre gouvernement sous la forme d'un grand et beau voilier hérissé de mâts, fourni de cordages, servi par un équipage discipliné, instruit, exercé. Grâce à la science du capitaine, il louvoie habilement entre des courants contraires; mais il porte dans sa cale une sorte de bagage humain, pauvres gens dont vous ne savez que faire. Vous leur dónnez la nourriture, mais vous leur refusez l'air et la lumière. Il est splendide le navire quand, par une mer calme, il entre au port toutes voiles déployées; mais il y arrive tard, et quelquefois il n'y arrive jamais.

Notre gouvernement à nous est un puissant vapeur. Il est lourd, disgracieux, mais énorme. L'équipage est peu nombreux, mais la foule des passagers encombre le pont. Elle s'agite au grand jour et au grand air. Elle est quelquefois incommodée par la chaleur, le bruit et la fumée; mais le voyage est prompt, sûr et peu coûteux.

Venez à notre bord, monsieur, vous y serez reçu avec cordialité. Nous n'avons pas, il est vrai, trois classes de passagers; nous n'en avons qu'une seule; mais chacun peut à sa guise se faire construire une cabine, dont le confortable et l'élégance sont en rapport avec l'argent qu'il y dépense. Emportez vos livres, vos tableaux et toutes les belles choses que vous aimez, car nous mettons le cap sur les États Unis, et puis vogue la galère!

RÉPONSE

A LA PREMIÈRE LETTRE

—

LE CONSERVATEUR AU RÉPUBLICAIN.

MONSIEUR,

Je serais certainement fort heureux de m'embarquer avec vous ; mais je crains, vous l'avouerai-je, les périls et les aventures d'un voyage au long-cours. Je ne l'entreprendrai que si vous me démontrez qu'il est indispensable. Or c'est ce que vous ne faites pas.

Vous affirmez que la démocratie étant un fait durable et nécessaire, il n'est plus possible de réagir contre elle, et qu'en conséquence la République ne saurait être conservatrice qu'à la condition d'être démocratique. J'accepte l'argument, mais à la condition que vous justifierez vos prémisses Où voyez-vous que le suffrage universel soit un fait durable et nécessaire ? J'attends vos explications.

P. S. Évitez donc autant que possible d'employer

le mot *démocratie*. Je l'ai surpris si souvent dans la bouche d'un si grand nombre de niais, il cache tant d'idées vides et de déclamations creuses, que je l'ai pris en horreur et qu'il me fait peine de le voir sous la plume d'un homme tel que vous.

DEUXIÈME LETTRE.

—

CE QUI EST UN FAIT DURABLE ET NÉCESSAIRE.

———

LE RÉPUBLICAIN AU CONSERVATEUR.

Monsieur,

Vous voilà bien furieux, parce que j'ai prononcé le mot *démocratie*. Et pourtant vous en connaissez aussi bien que moi l'étymologie. Il signifie gouvernement du peuple, en d'autres termes, gouvernement du pays par le pays, c'est-à-dire la chose la plus honnête et la plus libérale du monde. Il revient fréquemment sous la plume des grands publicistes : Montesquieu, de Tocqueville et votre ami M. Guizot, car on dit Montesquieu tout court, mais il est d'usage de dire *monsieur* Guizot. J'ai donc bien le droit de m'en servir à mon tour et je m'en servirai, ne vous en déplaise, toutes les fois qu'il me plaira.

Montesquieu dit quelque part : « Lorsque dans la République le peuple en corps a la souveraine puissance, c'est une démocratie. » Or, la République existe, le suffrage universel aussi. Par conséquent, la démocratie est un fait actuel; mais je m'engage à démontrer de plus qu'elle est un fait durable et nécessaire.

Pour vous convaincre, j'entends employer la méthode qui vous est chère, la méthode historique, et chercher les faits dans les livres dont vous faites vos lectures. C'est là, pour moi, une rude besogne et dont je n'ai guère l'habitude. Vous m'excuserez donc si je disserte politique comme je discuterais un contrat, et si j'écris l'histoire comme je rédigerais un établissement de propriété. Ceci dit, soyez attentif. Je vais être grave comme ma cravate blanche et ennuyeux comme mon formulaire.

§ Ier. — *Histoire de France en la personne de la noblesse.*

Il fut un temps, il y a plus de dix-huit siècles, où la situation de notre pays ressemblait fort à ce qu'elle fut il y a quelques années. Les Romains s'abattirent sur la Gaule comme les Corses firent sur la France. Le maître, qui depuis s'appela Bonaparte, s'appelait César. Sous l'empire romain comme sous l'empire corse, il y avait des sénateurs et des préfets. Les sénateurs étaient indépendants et les préfets incorruptibles, tout comme il y a quelques années. Les Haussmann du temps avaient fait construire des routes, viaducs, arènes, villas dont les ruines attestent encore aujourd'hui l'éclat et la grandeur; mais cet éclat cachait une profonde démoralisation et cette grandeur une profonde faiblesse. Aussi, quand les Germains, les Prussiens d'alors, envahirent la Gaule, ne rencontrèrent-ils pas une résistance bien sérieuse. Il y eut des Bazaine, des Failly, des Metz et des Sedan; mais alors la chose ne se faisait pas en grand et elle eut moins de retentissement. En ce temps on ne remuait pas les milliards à la pelle. La fortune était essentiellement immobilière. Aussi les Germains, ne pouvant emporter la terre, restèrent-ils pour la faire exploiter. Vous savez à merveille comment les choses se passèrent. Les grands chefs divisèrent les pays conquis entre les chefs inférieurs, et ceux-ci entre leurs compagnons. Le vassal devait foi et hommage à son suzerain. Mais chacun avait le droit de faire les lois, de rendre la justice, d'imposer le service militaire, de faire payer tribut et de battre monnaie. Ainsi, souveraineté du chef dans l'étendue de ses domaines, tel est à l'origine le caractère dominant de la noblesse féodale.

Mais dans ce temps où la force matérielle était

toute-puissante, il arriva que ces petits souverains se firent entre eux une guerre acharnée. Il en résulta que les plus forts opprimèrent les plus faibles; que les petits domaines furent absorbés dans les grands et les plus grands dans la monarchie, si bien qu'à la fin du XIVe siècle il n'y avait en France qu'un seigneur féodal, c'était le roi. Mais, à mesure que les seigneurs avaient été privés de leur souveraineté, ils avaient émis la prétention d'exercer celle des seigneurs qui les avaient dépossédés, tout comme ces messieurs de la droite voudraient faire aujourd'hui au préjudice de la République. Ils occupaient les grandes charges militaires, judiciaires et administratives du royaume. Ils règnaient manifestement sous le nom du roi, mais celui-ci eut l'idée de trouver la chose mauvaise, et il s'entoura de ministres qui servirent ses desseins. Sully, Richelieu mirent à la raison ces seigneurs ambitieux. Ils leur enlevèrent l'influence politique et appelèrent à la direction des affaires des légistes, des industriels ou des commerçants qu'on s'empressa d'anoblir pour ne pas scandaliser l'opinion du temps; Louis XIV surtout y mit fort peu de façons; Louvois était issu d'une simple famille de robe, et Colbert était fils d'un marchand de draps. Pendant que les roturiers faisaient manœuvrer les armées et disposaient de la fortune de la France, la noblesse de race tenait sa place à la cour. Les superbes représentants de l'antique féodalité, les descendants des croisés, les fils des preux chevaliers étaient admis, suprême honneur, au lever et au coucher du grand roi. Ils tenaient le bougeoir.

Si les nobles n'avaient plus qu'une influence politique très-restreinte, ils avaient, au point de vue social, de très-riches priviléges. La royauté leur avait enlevé tout ce qui pouvait porter ombrage à sa puissance, mais elle leur avait laissé tout ce qui ne portait préjudice qu'au menu peuple. D'un mot, le roi pouvait envoyer M. le duc à la Bastille, mais M. le duc pouvait écraser le vilain sous le poids des redevances et des corvées. L'esprit public se révolta contre un pareil état de choses, et, à la mort de Voltaire, si la révolution n'était pas encore réalisée dans les faits, elle l'était du moins dans les idées. Il devait suffire d'une nuit, d'une heure pour renverser un édifice dont les fondements tombaient en ruines. Cette heure mémorable a sonné dans la nuit du 4 août 1789.

Ainsi, la noblesse avait successivement perdu sa souveraineté, son influence politique, ses priviléges. Au début elle était tout. Que devait-elle être? Rien. Quel avait donc été l'agent secret de sa décadence, le termite obscur qui avait rongé les racines de ce grand arbre qu'on nomme la féodalité? Vous l'avez nommé : c'est la Bourgeoisie.

§ II. — *Histoire de France en la personne de la Bourgeoisie.*

Aujourd'hui le mot de bourgeoisie ne représente plus qu'un état social. Il représentait jadis une classe sociale. Pour surprendre son origine, vous savez comme moi qu'il faut remonter jusqu'à l'invasion romaine. Ce sont les Romains qui, en fondant les municipes, introduisirent les premiers rudiments de l'organisation municipale. Lorsque les Germains eurent envahi le pays, toute la population romaine, éparse dans les campagnes, alla chercher un refuge dans les villes. En rivalité avec le château, occupé par les Germains, se forma la commune, occupée par les Romains. Là se développèrent les idées de guerre et de domination, ici les idées d'ordre et de travail. Ruinée par les rapines des seigneurs, ne pouvant faire le commerce sans être exposée à des actes de pillage, la commune chercha dans le suzerain un appui contre le vassal. C'est, en effet, un sentiment naturel à l'homme d'avoir moins de haine pour la domination éloignée, quelque menaçante qu'elle soit, que pour celle dont il sent directement les effets. Il y a quelques années, vous m'écriviez : « Certes, je n'aime pas l'empereur, mais j'aime encore moins mon préfet, et je déteste mon maire. » C'est sous l'empire d'un sentiment analogue que les habitants de la commune aidèrent puissamment au grand mouvement de centralisation qui s'opérait, et qu'ils devinrent les plus fidèles alliés du pouvoir royal.

Pour contre-balancer l'influence de la noblesse, la royauté accorda sous des formes diverses de nombreux priviléges aux communes et appela leurs représentants jusque dans les états généraux, où ils vinrent former une classe à part.

Lorsqu'elle eut triomphé de la féodalité, elle n'avait plus aucun intérêt à maintenir les priviléges des communes, elle les supprima. Mais ces chartes locales avaient permis à un petit nombre d'hommes industrieux et intelligents de faire fortune et de conquérir une véritable influence sur leurs concitoyens. Les municipes avaient donné naissance aux communes; les communes donnèrent naissance au tiers état, et à la bourgeoisie.

Lorsqu'il fallut trouver un personnel pour remplacer dans les charges de l'Etat les seigneurs, dont les prétentions éveillaient ses inquiétudes, la royauté s'adressa aux bourgeois. Elle les appela à la tête des administrations provinciales et jusque dans ses conseils. Leur influence grandit dans la mesure où celle de la noblesse diminuait. A ce moment, ils avaient pris position dans les corps les plus considérables de l'Etat, les parlements. Ils s'y constituèrent à l'état de véritable aristocratie et prirent le droit de faire des remontrances au roi.

La bourgeoisie avait accepté avec empressement les idées d'importation anglaise qui avaient inspiré les publicistes du XVIIIe siècle. Elle rêvait déjà de jouer en France un rôle analogue à celui de l'aristocratie en Angleterre. Non contente de participer en fait à l'exercice de la puissance royale, elle entendit exercer la souveraineté sous son nom. Cette prétention éclata pour la première fois, le 23 juin 1789, dans ces paroles bien connues adressées par Mirabeau à l'envoyé du roi : « Vous, monsieur, qui ne sauriez être l'organe du roi auprès des états généraux ; vous qui n'avez ici ni place ni droit de parler, vous n'êtes pas fait pour nous rappeler son discours. Allez dire à votre maître que nous sommes ici par la volonté du peuple et que nous ne sortirons que par la puissance des baïonnettes. »

Mais quand Mirabeau parlait du peuple, il ne donnait pas à ce mot un sens aussi étendu que celui qui lui est attribué aujourd'hui. Ce qui le prouve, ce sont les dispositions mêmes de la Constitution de 1791. Elle subordonnait l'autorité du roi au Corps législatif, mais le Corps législatif était le résultat d'une élection à deux degrés. Or les électeurs du premier degré devaient payer une contribution directe égale au moins à trois journées de travail, et ceux du second justifier dans les campagnes d'un loyer d'une valeur de quatre cents journées de travail. La Constitution, quelque libérale qu'elle fut, remettait donc le pouvoir à une sorte d'aristocratie bourgeoise.

En 1789, la bourgeoisie n'avait pas l'égalité civile ; elle ne pouvait la demander pour elle sans la demander pour tous ; mais elle avait l'influence politique, et elle la garda. Elle la conserva jusqu'au 31 mai 1793. Les Girondins étaient de nobles et généreux bourgeois ; mais ils étaient bourgeois, et ils furent emportés par une terrible tourmente.

La bourgeoisie revint au pouvoir avec le Directoire, mais elle en fut chassée par un homme que la foule suivait.

Elle prend sa revanche en 1814. C'est elle qui gouverne sous la Restauration. Un instant, en 1830, elle rencontre la résistance des mêmes hommes qu'elle a vaincus en 1789. Elle la brise.

A ce moment, elle est triomphante ; elle place sur le trône son roi à elle, justement surnommé le roi bourgeois. Les lettres, les arts et les sciences répandent sur son règne un incomparable éclat. Elle est en possession des lumières, des richesses, de l'influence ; elle tient le pouvoir. Il semble qu'elle soit à tout jamais maîtresse et souveraine, et puis tout à coup une puissance nouvelle se dresse devant elle. Cette puissance, on la nomme le peuple.

§ III. — *Histoire de France en la personne du Peuple.*

Il faut remonter au delà de l'invasion germaine, au delà de l'invasion romaine, pour y trouver l'origine du peuple. On l'a dit avec raison : le peuple français est essentiellement Gaulois.

Réduits en esclavage par les Romains, maintenus en esclavage par les Germains, les Gaulois vécurent primitivement, comme des espèces d'ilotes, entièrement à la discrétion du maître et pouvant être vendus par lui comme bon lui semblait. Cependant, sous l'influence de circonstances dont le caractère nous échappe, un progrès considérable se fit dans leur situation. Ils furent considérés comme immeubles par destination et obtinrent la faveur de n'être vendus qu'avec la terre qu'ils cultivaient. Ils n'étaient plus, à proprement parler, esclaves, ils étaient serfs. On disait d'eux qu'ils étaient attachés à la glèbe. Les seigneurs avaient sur eux le droit de vie ou de mort, leur infligeaient la torture, leur interdisaient le mariage. Comme les galériens aujourd'hui, ils étaient astreints à se raser et à porter un vêtement particulier. Ils ne pouvaient même pas disposer par testament des haillons qui couvraient mal leur nudité.

Le désespoir les poussa à la révolte, et du IXe

au XIVe siècle l'histoire porte la trace de luttes sourdes, obscures et terribles.

Les uns se réfugient dans les villes et aident les habitants des communes à conquérir à main armée leurs chartes et leurs priviléges. Ils entrent dans les corporations ouvrières et obtiennent un semblant d'indépendance. Mais que de souffrances encore ! Avant d'être maître, il faut être compagnon ; avant d'être compagnon, il faut être apprenti. Or, l'apprenti est la propriété de son maître ; il est soumis à des vices rédhibitoires comme les animaux, et obligé de supporter la bastonnade.

D'autres restent aux champs, se réunissent par bandes, se livrent au pillage des châteaux et engagent contre les seigneurs ces longues luttes connues sous le nom de *Jacqueries*. Une fois ils se réunissent plus de cent mille, élisent un roi, qu'ils appellent Jacques Bonhomme, et vont jusqu'à menacer Paris.

A partir du XIVe siècle, les rois de France, soit besoin d'argent, soit désir de diminuer la puissance de leurs vassaux, accordèrent aux serfs la possibilité de se racheter. Ils peinèrent, *ahanèrent*, comme on disait alors, et quelques-uns parvinrent à se libérer.

Ils cessaient d'être serfs, mais ils devenaient vilains. A ce titre ils n'étaient plus attachés à la glèbe, mais ils étaient taillables et corvéables à merci et à miséricorde.

« Nos brebis, leur fait dire Monteil, ne sont tondues qu'une fois l'an ; mais nous, nous le sommes bien des fois. » Ils l'étaient, en effet, par le décimateur, par le seigneur, par le collecteur de tailles, par les gens de guerre, le plus souvent et le plus près par les gens de justice.

Quelques âmes généreuses s'indignèrent de tant d'avilissement et de souffrances. Ils essayèrent un appel à la conscience des oppresseurs, mais leur voix resta sans écho.

Au XVI⁰ siècle, c'est La Boétie qui écrit son discours sur la servitude volontaire.

Au XVII⁰ siècle, c'est La Bruyère qui a le courage de faire la peinture des paysans de son temps : « L'on voit certains animaux farouches, des mâles, des femelles, répandus par la campagne, noirs, livides et tout brûlés du soleil, attachés à la terre qu'ils fouillent et qu'ils remuent avec une opiniâtreté invincible. Ils ont comme une voix articulée, et, quand ils se lèvent sur leurs pieds, ils montrent une face humaine ; et en effet ce sont des hommes. Ils se retirent la nuit dans des tanières, où ils vivent de pain noir, d'eau et de racines. Ils épargnent aux autres hommes la peine de semer, de labourer et de recueillir pour vivre, et méritent ainsi de ne pas manquer de ce pain qu'ils ont semé (1). »

(1) La Bruyère, *De l'homme.*

Au **XVIII**ᵉ siècle, c'est Rousseau qui pose le principe du suffrage universel dans le *Contrat social*, et ouvre dans son *Discours sur l'origine de l'inégalité parmi les hommes* la voie à une école qui va avoir dans le **XIX**ᵉ siècle un grand retentissement.

Mais, qu'on ne s'y trompe pas, ces doctrines, qui commençaient à agiter quelques âmes ardentes, n'étaient cependant pas dans le goût du siècle. Voltaire, qui était alors l'expression la plus franche du sentiment public, demandait, il est vrai, l'abolition de l'esclavage, car il y avait encore des serfs à cette époque ; mais il faut voir avec quel mépris il traite les gens du peuple : « J'entends par peuple, dit-il, la populace, qui n'a que ses bras pour vivre. Je doute que cet ordre de citoyens ait jamais le temps ni la capacité de s'instruire. Ils mourraient de faim avant de devenir philosophes. Il me paraît essentiel qu'il y ait des gueux ignorants. Si vous faisiez valoir comme moi une terre, et si vous aviez des charrues, vous seriez bien de mon avis. Ce n'est pas le manœuvre qu'il faut instruire, c'est le bon bourgeois, c'est l'habitant des villes. Cette entreprise est assez forte et grande (1). »

Ne vous étonnez point de ces dernières paroles. Au point de vue purement politique, l'instruction du peuple était sans utilité, puisqu'il ne jouait aucun

____

(1) Lettre à M. Damilaville. 1ᵉʳ avril 1766.

rôle dans le gouvernement du pays; l'instruction de la bourgeoisie était, au contraire, commandée par les circonstances, puisqu'elle avait alors une part d'influence considérable.

La Révolution fut pour le peuple le premier signal de sa libération. Elle abolissait le servage et proclamait l'égalité civile; mais, pendant qu'elle affranchissait les personnes et les biens, les malheurs de l'époque créaient dans le pays une misère profonde. Le peuple voyait croître ses espérances en même temps qu'il voyait diminuer les moyens de les réaliser. Il en éprouva une immense irritation, et ses prétentions augmentèrent avec ses déceptions. Ses chefs essayèrent de tromper sa faim en exaltant sa puissance. Il demandait du pain, il obtint le suffrage universel; mais, par cela même que le suffrage universel ne répondait alors à aucune exigence, il tomba momentanément en oubli, et la Constitution de 1793, qui le proclamait, ne fut jamais appliquée.

Le premier Empire, tout en étouffant la liberté, eut pour conséquence de développer très-activement les tendances démocratiques. La liberté! on s'en souciait bien alors. A quoi bon être maître dans son pays quand on est souverain de l'univers? Mais l'esprit démocratique était l'âme de l'armée, et là s'était concentrée la vie de la nation. Chacun était soldat, et chaque soldat pouvait parvenir aux situations les plus élevées. Des fils d'ouvriers devenaient généraux, ambassadeurs, maréchaux, ducs, princes et même souverains. Murat était fils d'un aubergiste et il régna à Naples. Louis XIV avait donné le pouvoir à des bourgeois qu'il fit nobles, Napoléon le donna à des hommes du peuple qu'il fit rois. Et pourtant il ne faut pas croire que la rapidité de ces fortunes plût à la masse. Elle était offusquée par les titres, les honneurs et le luxe des cours; mais ce qui la charmait, c'était de voir abaisser à son niveau les derniers représentants de cette noblesse qui lui rappelait tant de persécutions et tant de larmes. C'est par ce côté que le nom de l'empereur devint profondément populaire. Sous la Restauration et la monarchie de juillet, chose étrange! ceux-là même qui revendiquaient le plus haut les libertés publiques s'attachaient à vanter les gloires du premier Empire, c'est-à-dire du plus grand despote qui fut jamais. Comment expliquer une si singulière contradiction? Par ce fait que les souvenirs de l'Empire se confondaient dans l'esprit des masses avec les aspirations républicaines, et que, sous deux formes de gouvernement qui donnent des résultats si différents, elles entrevoyaient un principe commun, celui de la volonté populaire.

Le suffrage universel, voilà la grande affaire qui agita les esprits pendant la fin du règne de Louis-Philippe.

Le peuple commençait à se dire que, la Révolution ayant proclamé le principe de l'égalité des droits, il n'y avait aucun motif pour lui refuser l'égalité politique; et cependant la réforme électorale, vivement réclamée par l'opposition libérale, eût à cette époque satisfait les plus impatients. Mais le gouvernement que vous souteniez alors se chargea, par sa résistance, d'accélérer le mouvement. Le peuple, irrité des obstacles qu'on opposait à ses justes revendications, alla d'un plein saut jusqu'aux dernières conséquences des doctrines libérales, et le suffrage universel fut vraisemblablement proclamé plus tôt qu'il ne l'eût été si les choses avaient suivi leur cours naturel.

La révolution de 1789 avait fondé l'égalité civile, celle de 1848 fonda l'égalité politique. L'une et l'autre furent successivement incrustées dans nos mœurs par les deux Empires. Aujourd'hui donc la parfaite égalité des droits est un fait acquis. Nous sommes en pleine démocratie.

Résumé et conclusion.

Le sol de France a été couvert par trois invasions successives : l'invasion gauloise, qui remonte à un temps immémorial; l'invasion romaine et l'invasion germaine. Chacune d'elles y a laissé une couche d’hommes qui différait par les institutions et par le tempérament. Ces éléments ne sont pas restés long-temps à l’état primitif : ils ont réagi les uns sur les autres à travers les siècles; mais on peut dire d’une façon générale qu’ils ont donné naissance à trois classes correspondantes et distinctes : peuple, bourgeoisie, noblesse. Sous l’empire de la loi histo-rique, chaque classe a fait effort pour se dégager de la classe supérieure. Ce travail d’affranchisse-ment s’est produit dans un ordre chronologique in-verse de celui de l’asservissement. Au début de notre civilisation, la noblesse apparaît seule à la surface; mais la bourgeoisie au XVe siècle, et le peuple au XIXe siècle, font successivement une poussée pour venir prendre leur part de soleil, d’air et de liberté. Aujourd’hui, ces substances so-ciales sont mélangées au point qu’il devient impos-sible de les reconnaître. Elles forment comme une terre pétrie d’un limon commun, et cette terre-là se nomme la France démocratique.

Il y a encore, je le sais, des méfiances et des hos-tilités qui semblent comme les derniers souvenirs de haines séculaires; mais il appartient à la démo-cratie d’en effacer les traces et de combiner d’une manière de plus en plus intime les éléments divers qui composent le corps social. Tel est le rôle et l’honneur que l’avenir lui réserve.

Est-il possible aujourd’hui de réagir contre le

mouvement qui nous entraîne et de contrarier cette union qui se prépare? Est-il possible, je ne dirai pas de ressusciter les distinctions du passé, mais seulement de porter la main sur cette dernière conquête de l'esprit moderne, le suffrage universel? Bien téméraire qui l'oserait!

Je reconnais qu'il y a des révolutions amenées par des circonstances passagères dont l'habileté politique peut faire disparaître les traces; mais vous reconnaîtrez avec moi qu'il en est d'autres dont les racines puisent au plus profond du passé d'un peuple, et que celles-là effectuent leur développement en dépit des résistances humaines. Or, je pense vous avoir suffisamment indiqué que l'avénement de la démocratie, loin d'être un accident, n'est que la conséquence de la loi historique qui a présidé à la marche de notre civilisation. Je me crois donc en droit de conclure qu'elle est non-seulement un fait actuel, mais encore un fait durable et nécessaire.

RÉPONSE

A LA DEUXIÈME LETTRE

—

LE CONSERVATEUR AU RÉPUBLICAIN.

Vous me dites que la démocratie a supprimé toute distinction de classes. Rien n'est plus inexact. Elle a constitué une classe considérable. Seulement celle-là tient ses priviléges non pas de la qualité, mais de la quantité de ses membres. Elle se compose des paysans. Ils sont les plus nombreux : donc ils sont les maîtres.

Or les connaissez-vous bien vos maîtres? Ils sont profondément ignorants. Cela va de soi, mais c'est là leur moindre défaut. Ce qui les caractérise c'est de n'avoir qu'une préoccupation : le gain, et qu'un sentiment : l'envie. Eux s'inquiéter des intérêts publics, comprendre le fonctionnement d'un gouvernement, son mécanisme et ses contre-poids? Allons donc! Il s'agit bien de cela. Et que leur importe. Prendre sa part des chagrins et des deuils publics! A quoi bon, s'ils n'ont rien à payer?

Sous l'empire, j'ai soutenu une campagne électorale pour le compte d'un de mes amis. Je parlais aux campagnards, à ces hommes que vous appelez *frères*, vous autres démocrates, je leur parlais des dangers de l'irresponsabilité ministérielle, de la liberté de la presse méconnue, de la liberté électorale violée. Ils restaient indifférents et muets; mais si j'insinuais que la liste civile était trop élevée et les sénateurs trop grassement payés, oh! alors ils se réveillaient et applaudissaient à tout rompre.

Si vous voulez ruiner un candidat dans leur esprit, fût-ce même le plus galant homme, dites seulement ceci. Il est noble et habite un château.

Je les ai vus pendant la guerre. Ils refusaient des vivres à nos soldats, mais ils en vendaient aux Prussiens. Dieu sait s'ils ont trafiqué. J'ignore en vérité ce qu'ils craignaient le plus de l'arrivée ou du départ de l'ennemi.

Je sais bien que vous allez me répondre : Il faut les instruire et les moraliser; conclusion : instruction gratuite et obligatoire! Décevante banalité! Les ouvriers des villes savent lire, car ils lisent les journaux, en sont-ils plus sages? Ils ont les mêmes instincts sous une forme plus dangereuse. Une aspiration vague et mal définie vers l'égalité sociale les attire, mais ils ne savent par quels moyens la réaliser. Demandez-leur un programme; ils restent muets ou déraisonnent; ils prennent une illusion

pour une réalité et s'étonnent de ne pouvoir la saisir. Ils se savent forts et se sentent impuissants. Ils
s'irritent, s'exaltent, s'affolent. Ils deviennent capables des plus grands excès.

Ils aiment à prendre un masque et à jouer avec
leurs chimères. Ils ont des formules, des symboles,
affectent une langue particulière. Ils sont fiers, et
leur monde est fermé comme celui de la plus haute
noblesse. Ce sont les aristocrates de la démocratie.
Ces grands seigneurs sont impétueux et violents.
Employez des paroles agressives pour exprimer les
idées les plus inoffensives, ils applaudiront; mais il
n'est pas d'exemple qu'ils aient applaudi des idées
hardies exprimées sous une forme modérée.

Voilà donc le personnel de la démocratie, des
paysans qui poussent l'indifférence jusqu'à l'abêtis-
sement et des ouvriers qui poussent l'exaltation
jusqu'à la folie. Et c'est avec un pareil monde que
vous voulez gouverner? En vérité, je ne connais pas
de plus grande absurdité.

Oui certes, le suffrage universel est une force,
une force active, vivante et malheureusement durable. Oui, j'en conviens et j'accepte parfaitement votre
démonstration ; mais cette force, si je ne puis la sup-
primer, du moins puis-je la comprimer. La vapeur
aussi est une force, mais c'est par la compression
qu'elle est utilisable.

En toutes choses, mais surtout en politique ; en

tous pays, mais surtout en France, s'il est une vérité qui soit indiscutable, c'est celle-ci : « Pour être soutenu, il faut être fort ». Or, pour être fort, il faut être maître de l'armée; pour être maître de l'armée, il faut être maître du pouvoir; pour être maître du pouvoir il suffit d'un hasard heureux et d'une voix de majorité. Le suffrage universel soutiendra le gouvernement quel qu'il soit, s'il est énergique et résolu. Il opprime les faibles, mais il respecte les forts. Il se livre à qui sait lui faire violence.

Quand je parle de violence, je ne parle pas de celle qui, au mépris de toutes lois divines et humaines, s'exerce en une nuit de décembre et se continue pendant dix-huit ans par la corruption et le mensonge. Non certes, cette violence, je l'ai en profond mépris et en grande horreur. Je parle d'une violence qui est faite au grand jour, dans un intérêt public et par une assemblée souveraine. Cette violence-là est légitime et légale.

Elle est légitime, car elle peut invoquer les éternels principes de justice et de conservation sociale qui sont placés par la volonté divine et la raison humaine au-dessus du suffrage universel.

Elle est légale, car si elle est dirigée contre le suffrage universel, elle l'est par une assemblée qui est émanée de lui.

Quant à moi, je combattrai le bon combat et si l'événement trahit mes efforts, eh bien, je couvrirai ma retraite par une lutte acharnée, et après la défaite dernière j'irai sur quelque plage lointaine demander pardon à Dieu et aux hommes des crimes de mon pays.

———

ma retraite par une lutte acharnée, et après la défaite dernière j'irai sur quelque plage lointaine demander pardon à Dieu et aux hommes des crimes de mon pays.

TROISIÈME LETTRE.

—

POURQUOI IL NE FAUT PAS COMBATTRE ET COMMENT IL FAUT DIRIGER.

———

LE RÉPUBLICAIN AU CONSERVATEUR.

MONSIEUR,

En 1830, vos amis ont eu le pouvoir et l'ont conservé pendant dix-huit ans. Ont-ils accordé les droits d'électeur à la partie du peuple capable de les exercer? Ont-ils étendu le cercle de l'activité politique dans la mesure de ses progrès? Ils pouvaient alors, par des réformes intelligentes, prévenir l'état de choses dont vous vous plaignez aujourd'hui, et ils ont suscité par leur intraitable aveuglement les colères et les révolutions.

Au mois de février 1871, dans un moment d'effarement, le suffrage universel leur a une seconde fois donné le pouvoir. Qu'en ont-ils fait? Il y a, dites-vous, des haines dans les cœurs. Ont-ils tenté de les calmer? Ne les ont-ils pas, au contraire, excitées par l'attitude la plus agressive et la plus provocante? De grandes œuvres ont été accomplies, je le reconnais; mais, ôsez-vous bien en revendiquer l'honneur? Il revient tout entier au président de la République et à la gauche républicaine, qui, seule, l'a défendu contre de misérables intrigues.

Et c'est quand vous êtes chargés d'un tel passé, qu'à l'heure qu'il est vous méditez de rendre illusoire la souveraineté de ces paysans, de ces ouvriers qui viennent de donner leur sang pour défendre le pays et qui, aujourd'hui, donnent leur travail pour payer sa rançon. Croyez-vous donc qu'ils vous laisseront faire? Et votre intention est-elle de jeter la France dans de nouvelles aventures?

Mais, parlons avec calme. Le suffrage universel mérite-t-il donc toutes vos malédictions? Quels que soient les griefs que vous puissiez faire valoir contre lui, vous reconnaîtrez du moins qu'il a l'incontestable avantage d'offrir une base politique qui soit logiquement acceptable, et la seule qui soit généralement acceptée. Il y a, dites-vous, des principes supérieurs au suffrage universel. Ils existent, sans aucun doute, dans le for intérieur; mais existent-ils dans le domaine des faits? Comment voulez-vous les imposer à la volonté d'une nation, s'ils sont méconnus par elle?

Je reconnais qu'il y a dans le cours de la civilisation des peuples un temps où les idées religieuses sont toutes-puissantes ; elles inspirent les lois et règlent les mœurs. Ce temps, nous l'avons traversé, et il n'est plus. Chez les uns, la religion se réduit à des chapelets, des *ex-voto*, des pèlerinages ; chez les autres, elle n'est qu'une philosophie spiritualiste et à peine chrétienne. Mais combien sont-ils ceux qui ont conservé pure de toute souillure la vieille foi catholique. Les plus illustres évêques se font rappeler à l'ordre par les fils de saint Louis ; la puissante doctrine de M. de Maistre ne rencontre plus d'autres défenseurs, aujourd'hui, qu'un Veuillot et un Belcastel, c'est-à-dire, un Auvergnat mal élevé ou un chevalier ridicule.

En philosophie, en politique comme en matière religieuse, tout est controversé. Je vis à Paris dans un monde intelligent, et je vois défiler un certain nombre de personnages. Dans une discussion engagée sur un fait précis, on arrive quelquefois à se mettre d'accord comme par hasard ; mais quand il s'agit d'expliquer une solution par une doctrine, chacun met au jour un système différent. On crie comme des sourds, on parle comme les aveugles des couleurs. C'est pitié, en vérité, d'assister au désarroi qui règne dans les esprits. J'aime la discussion, elle est un signe de virilité intellectuelle ; mais quand elle n'est dominée par aucun principe reconnu, elle est chose vide et témoigne seulement d'une grande débilité de l'âme.

Telle est aujourd'hui notre situation morale, et c'est quand l'esprit critique de notre temps et de notre pays n'a laissé debout aucune idée qui puisse rallier les hommes que vous accablez de vos méfiances et voudriez faire tomber sous vos coups ce qui a été enfanté par dix-huit siècles de souffrances et peut seul, dans le naufrage de toutes choses, nous offrir un abri, le suffrage universel. Et c'est un homme d'ordre, un conservateur qui parle ainsi ! *Dementat quos vult perdere...*

A quoi bon, d'ailleurs, se révolter contre le suffrage universel? N'est-ce pas là un fait acquis, durable, nécessaire? N'en êtes-vous pas convenu? Or en politique, la sagesse consiste non pas à envisager ce qui aurait pu ou devrait être, mais à tirer le meilleur parti de ce qui est.

Quand une crue subite se produit dans le ruisseau qui arrose votre prairie, imaginez-vous de lui barrer le chemin et de lui dire, comme Dieu au flot de la mer : « Tu n'iras pas plus loin. » Essayez de le contenir, enfermez-le dans de hauts barrages. Pour un instant vous arrêterez son cours ; mais le jour du débordement viendra, et ce jour-là les eaux seront d'autant plus puissantes qu'elles auront été plus longtemps contenues. Elles tomberont avec fracas, entraînant captifs les débris de leur prison.

Que si, au lieu de créer des obstacles au courant, vous lui tracez un lit et le dirigez vers des plaines sablonneuses et incultes, il fécondera ce qu'il eût ravagé et portera la fertilité où règnerait la désolation.

Il en est ainsi du suffrage universel. Vous êtes impuissant à le contenir, mais vous avez la ressource de le diriger. Vous pouvez, à votre gré, le rendre tumultueux ou paisible ; mais pour qu'il subisse votre action il faut gagner sa confiance, et pour l'obtenir il faut lui donner la vôtre. Ne rusez pas avec lui, ne jouez pas au plus fin. Ne cherchez ni à le violenter ni à le tromper. Donnez satisfaction à ce qu'il y a de légitime dans ses aspirations, et vos critiques vont perdre toute leur importance. C'est ce que je me propose de vous démontrer en répondant à chacun des griefs que vous articulez contre la démocratie et qui, si je ne me trompe, sont aux nombre de deux : ses instincts niveleurs et ses mœurs exclusives et violentes. Après quoi j'essayerai à mon tour de vous signaler le danger que j'entrevois, et les moyens d'y remédier.

§ I. — *De l'égalité et de la hiérarchie.*

La loi proclame l'égalité des droits civils et politiques, mais la notion du droit renferme une idée abstraite qu'il n'est pas toujours facile à des esprits illettrés de saisir avec netteté. Aussi ont-ils une tendance, je le reconnais parfaitement, à matérialiser le droit et à voir sous le nom d'égalité toute autre chose que ce qu'il renferme ; mais, ce qui fait je danger des revendications populaires, c'est beaucoup moins la part d'utopie qui les inspire que la part de vérité qu'elles contiennent. Or, si le principe de l'égalité des droits a été inscrit dans nos constitutions depuis 1789, il faut convenir qu'il n'a pas toujours été appliqué. J'en pourrais trouver la preuve dans la loi sur le recrutement et dans notre système d'impôts ; mais ce sont là des questions trop complexes pour être traitées brièvement, et j'aime mieux choisir un exemple dans un autre ordre d'idées.

La déclaration des droits de l'homme proclame que « tous les citoyens sont également admissibles à toutes les dignités, places et emplois publics, selon leur capacité et sans autre distinction que celle de leurs vertus et de leurs talents. »

Or, de bonne foi, pensez vous, monsieur, que les emplois publics ne soient donnés qu'à la capacité? Jetez les yeux autour de vous, et observez.

Il y a quelques mois, je fus dans la douloureuse nécessité de me rendre en Allemagne pour y sauvegarder des intérêts dont la direction m'était confiée, et, me trouvant à Berlin, j'eus l'occasion de m'entretenir des mérites comparés des armées françaises et allemandes avec un officier général, grand ami de M. de Moltke. « Pendant tout le cours de la campagne, me disait-il, nous avons admiré votre troupier. Il est intelligent, agile, bon marcheur. Nos hommes, au contraire, sont lourds ; ils se fatiguent vite, et, pour les assouplir, il faut des exercices gymnastiques incessants. Votre matière militaire (c'est un Prussien qui parle), votre matière militaire est de tous points supérieure à la nôtre, et pourtant avant longtemps l'armée française n'égalera pas l'armée prussienne. Cette infériorité provient de votre corps d'officiers, dont la composition est détestable. Vous les recrutez au choix ou à l'ancienneté. Vous formez dans vos écoles quelques hommes distingués, mais, comme l'émulation n'entretient pas leur activité, ils perdent promptement leur valeur première ; et pourtant ils montent en grade et commandent une division quand ils sont à peine capables de commander un régiment. Chez nous, au contraire, les examens sont institués à tous les degrés de la hiérarchie, et le mérite est la seule règle de l'avancement. Lorsqu'un officier n'est plus à la hauteur de ses fonctions, il est immédiatement congédié. Nous obtenons ainsi un état-major composé des hommes les plus savants de l'armée ; et ne croyez pas qu'il soit possible de suppléer au travail l'inspiration. Le grand Condé, avec tout son coup d'œil, ferait aujourd'hui une fort triste figure. La stratégie n'est plus un art, c'est une science, et une science mathématique exacte comme une formule d'algèbre. »

Celui qui me parlait ainsi voulut me conduire à l'école des cadets. Le problème, qui était à l'étude au moment de notre visite, consistait à savoir combien il faudrait de temps pour transporter un corps d'armée par une ligne de chemin de fer, étant donné la distance à parcourir, la vitesse de la machine, le nombre d'hommes, le poids du matériel, la dimension des wagons, jusqu'aux chances possibles de détérioration de la voie. Tout semblait prévu, et pourtant il manquait un élément de calcul. Un élève le fait remarquer. « Vous avez omis, dit-il au maître, de nous donner la longueur et la largeur du quai d'embarquement. »

Croyez-vous, monsieur, qu'il y ait dans notre haut état-major beaucoup de généraux capables de faire l'observation qui venait d'échapper au petit cadet Prussien ?

Les vices qui existent dans notre organisation militaire se retrouvent au même degré et pour les mêmes causes dans toutes nos administrations. Je gage que vous avez rencontré ce type si fréquent du bureaucrate, docile avec ses chefs, hautain avec ses subordonnés, tracassier avec le public. Il a dû son entrée et son avancement dans la carrière beaucoup moins à son mérite qu'aux influences ou à l'ancienneté. Renfermé dans sa spécialité, dépourvu de notions générales, il connaît son métier à fond, mais il le connaît mal, parce qu'il ne connaît que lui. Il sait à l'occasion s'affranchir de la formule, mais bien vite il se réfugie dans sa routine comme un limaçon dans sa coquille. Il fait échouer, par sa désespérante inertie, les plus pressantes innovations.

Parmi les vœux que l'opinion publique forme avec le plus d'ardeur, il faut, et avec raison, mettre au premier rang l'instruction gratuite et obligatoire; mais, avant de faire des écoliers, ne faudrait-il pas faire des maîtres d'école? Pense-t-on qu'un homme qui, pendant plusieurs heures du jour, plusieurs années durant, a fait épeler *ba bo* ait l'esprit bien dispos pour développer l'intelligence de ses élèves? Il y a dans le corps des instituteurs des personnalités distinguées qui s'atrophient parce qu'elles n'ont aucun moyen de s'exercer. Songe-t-on à raviver leurs forces? à exciter leur ardeur? à proposer à leur légitime ambition un avenir prospère, afin de rendre leurs fonctions aussi désirables qu'elles sont honorables?

Sortez de l'école et allez rendre visite au comte, votre voisin, vous rencontrerez dans son salon le jeune vicomte, son fils, qui est un cavalier sot, fat et charmant. Il excelle dans tous les exercices du sport, l'escrime, le tir, la chasse à courre. Il valse à

ravir et se fait adorer des femmes de tous les
mondes. A demi-ruiné, il a rencontré des protec-
teurs qui l'ont introduit dans la carrière diploma-
tique. Aujourd'hui il est secrétaire d'ambassade,
bien appointé et couvert de décorations. Il ne parle
pas une langue étrangère, de sa vie il n'a ouvert
un livre d'étude; et voilà l'homme qui représente la
France à l'étranger. Rassurez-vous, il n'est pas dé-
placé dans le monde où il vit, et j'en connais vingt
qui ne le valent pas.

Il y a cependant un moyen bien simple de détrôner
les influences, de mettre les idées nouvelles en lumière, de tenir les intelligences en éveil et de
rendre enfin à la capacité sa véritable place, il consiste à donner au concours et publiquement toutes
les fonctions publiques, à l'exception de celles qui,
à raison de leur caractère exclusivement politique,
doivent être abandonnées au suffrage des électeurs
ou au choix du pouvoir responsable.

Toute société suppose une organisation, et toute
organisation une hiérarchie. Tandis que dans certains gouvernements cette hiérarchie repose sur la
naissance, la fortune ou la faveur, il faut que dans une
démocratie elle n'ait d'autres bases que le mérite
individuel.

Voilà à coup sûr une réforme qui n'a rien en soi
de bien farouche. Eh bien, pensez-vous que les
hommes qui auraient l'intelligence de l'entreprendre

n'acquerraient pas l'autorité nécessaire pour com-
battre les ambitions mauvaises et ne feraient pas
plus pour la paix sociale que ces conservateurs im-
prudents qui, au moindre mot, mettent flamberge
au vent et provoquent les passions populaires par
leur défi insolent?

§ II. — *Des mœurs et de la politesse.*

Certes, je n'ai pas plus que vous le goût des atti-
tudes provocantes et des mœurs grossières. J'aime la
vie large et facile. J'habite à Paris un hôtel pourvu
de toutes les ressources de l'élégance et du confortable. J'ai ma stalle à l'Opéra. Je porte de la toile
fine et vais rarement à pied. Ne suis-je pas un
homme du monde accompli? Loin de m'effrayer de
la mode et de ses caprices, je me réjouis fort de
voir Paris brillant, et si parfois, au souvenir du
passé, la joie publique m'attriste, je me console en
disant : « Si on s'amuse sous la République, la
France sera républicaine. »

Mais je n'imagine pas que la démocratie doive
bannir de la France toutes les choses belles et dé-
licates qui ont fait jusqu'à ce jour son originalité et
sa splendeur, les belles-lettres et les beaux-arts, le
théâtre et les salons. Dieu merci, les traditions du
beau sont vivaces dans l'esprit populaire. Voyez

donc cette foule comme elle s'empresse aux con-
certs populaires ! Avec quelle frénésie elle applaudit
Haydn, Beethoven et Mozart ! Aux premiers jours
des expositions, comme elle se précipite, comme elle
va droit aux beaux morceaux. Avant que les critiques aient parlé, c'est elle qui a proclamé les chefs-
d'œuvre ! Vous souvenez-vous du temps des repré-
sentations gratis : quelle fête on faisait à Molière !
Par quelle étrange hallucination ce peuple si intelligent et si artiste va-t-il brûler dans sa colère ce qu'il
adore dans sa bonne humeur ? Ou plutôt, sans remuer
ces cendres et ces douleurs, comment expliquer
que ces ouvriers des grandes villes qui sont dans le
monde entier les artisans du goût, soient parfois
si rudes dans leurs paroles, et si violents dans leurs
actes ? Je vais essayer de l'expliquer.

Pendant des siècles la cour de France a été l'une
des plus brillantes et des plus corrompues de l'Eu-
rope. Les fils aînés de l'Église avaient des bâtards
dont la place était marquée dans la plus haute noblesse, des maîtresses qui, au su et au vu du monde,
recevaient les hommages des gens de cour, disposaient des faveurs et du crédit, protégeaient la religion et les lettres. Bossuet, Fléchier, Massillon,
prêchaient devant elles. Molière, La Fontaine, La
Bruyère, Voltaire et tant d'autres leur dédiaient les
chefs-d'œuvre de l'esprit humain. Il y avait des ché-
rubins mignons qu'on habillait en femmes et avec

qui on s'amusait infiniment. Il y avait de jeunes enfants qu'on enlevait à leurs mères et dont on se faisait un sérail. Ai-je besoin de vous rappeler les turpitudes de la cour de François Ier et d'Henri III, de Louis XIV et de Louis XV? Mais alors on se battait bravement, on dépensait joyeusement. On n'était ménager ni de sa vie ni de sa bourse. Les palais étaient construits par Philibert Delorme, enrichis des sculptures de Jean Goujon, des fresques de Léonard de Vinci. Il y avait des poëtes aimables, des chevaliers galants, des filles d'honneur charmantes. Il y avait des tournois et des fêtes, des diamants et des dentelles. Lorsque le vice est ainsi paré, est-il encore le vice? Sans doute on ne pouvait l'appeler vertu; mais lorsqu'il était rehaussé par quelque action d'éclat, on l'appelait *honneur*. Sans doute on ne pouvait appeler l'homme vicieux homme honnête; mais lorsqu'il était généreux et chevaleresque, on l'appelait l'*honnête homme*. Il se forma ainsi une morale, des mœurs, une politesse de convention. La haute bourgeoisie attirée par ses emplois à la cour de France, se montra désireuse de plaire. Si elle ne prit pas les habitudes du monde où elle entrait, elle s'associa du moins à son respect du convenu. Elle le développa, le propagea et nous le transmit sous forme d'idées toutes faites, de phrases banales, de préjugés et d'hypocrisies mondaines qui font le désespoir des âmes sincères. De nos jours, encore, n'avons-nous pas vu le promier magistrat de la première Cour de France s'entremettre dans les amours d'un souverain et d'une courtisane de très-bas étage. A-t-on trouvé la chose honteuse? En aucune façon..., c'était pour éviter le scandale. Le scandale! Avez-vous jamais songé à la grandeur de la démoralisation qui se cachait sous ce mot!

Pendant que la cour était en liesse, les paysans *ahanaient*. Chargés du poids des impôts, ils suaient sang et eau pour fournir leur tribut à la prodigalité et à la débauche. Ils prirent en grand dégoût une corruption qui leur coûtait si cher. Ils se retranchèrent dans une vertu farouche, et, comme les gens ignorants ne jugent des choses que sur l'apparence, ils furent saisis d'une grande haine pour quiconque habitait un château, portait de beaux habits et avait de belles manières. Les seigneurs méprisèrent des vilains aussi rustres, ces vilains méprisèrent des seigneurs aussi fiers. L'abîme se creusa de plus en plus, et aujourd'hui il n'est pas comblé.

Vous observez que les gens du peuple affectent la prétention de former un monde à part. Le fait est parfaitement vrai. Mais à qui la faute? A vous, messieurs de la noblesse qui leur en avez donné l'exemple. Vous avez voulu vous appeler messeigneurs, dont l'usage a fait messieurs; ils se sont appelés citoyens. Vous avez voulu inscrire des devises sur vos blasons, ils ont inscrit des formules sur leur drapeau. Vous les avez comblés de dédain, ils vous en ont accablés. De quoi vous plaignez-vous?

Mais il n'y a rien de bon dans tout ceci, et il faut s'arrêter en si vilain chemin. Puisque vous avez eu les premiers torts, faites les premiers pas. Croyez-moi, n'agacez pas, ne provoquez pas. Soyez bons, humains et tolérants, et ces hommes qui vous apparaissent des ogres vous les verrez, je ne dis pas doux commé des agneaux, mais généreux, sensés et sociables. J'en fais l'expérience tous les jours. Je suis appelé par ma profession à recevoir des personnes appartenant aux mondes les plus différents, mais je ne fais d'autre distinction entre mes visiteurs que celle du caractère, et je mesure la cordialité de mon accueil sur le degré d'estime que chacun m'inspire. Eh bien! je puis vous affirmer que j'ai obtenu la confiance et l'amitié d'ouvriers dont j'honore tous les jours la vie fière et vaillante.

Quand je me prends à considérer ce que seraient, ce que pourraient être les mœurs françaises si elles étaient dégagées de cet esprit exclusif, et de cet amour du convenu qui les déshonorent, il me semble en trouver comme un avant-goût dans la société des artistes distingués de notre temps, et particulièrement des peintres. Il semble que l'habitude de voir la nature leur ait donné le goût de la vérité, et que l'effort qu'ils font pour exprimer leur sentiment, sans sortir de la réalité, leur ait inspiré celui de la mesure. Ces tendances, elles se traduisent dans leurs relations; ils sont généralement sincères, et ils le sont avec tact. Or, le tact dans la sincérité, n'est-ce pas là toute la politesse, j'entends la vraie politesse. Ils sont donc gens essentiellement polis; mais, comme ils ne sont gênés par aucun préjugé, ils ont généralement une certaine ouverture de cœur, une disposition à la gaieté, à la bonne humeur, qu'ils puisent dans le caractère de. notre nation. Ils sont généreux aussi, compatissants pour les misères et accessibles aux nobles aspirations. Ne sont-ce pas là des mœurs qui doivent être sympathiques à tout le monde, et dans lesquelles le monsieur et le citoyen peuvent se rencontrer pour se tendre la main et oublier leurs appellations différentes? La démocratie elle aussi aura ses gentilshommes; et si j'en voulais chercher un type je le trouverais chez cet homme jeune, ardent au travail, aussi dédaigneux de la beauté convenue que respectueux de la beauté véritable, qui a aimé l'art et la République, qui a aimé son pays, et qui est mort pour lui les armes à la main, laissant quelques chefs-d'œuvre et un nom sans tache, celui d'Henri Regnault!

§ III. — *Du respect de la loi.*

Je crois vous avoir montré que vous avez singulièrement exagéré les vices de la démocratie. Ceux que vous avez signalés ont leur source bien moins dans la nature du peuple en général et du peuple français en particulier que dans les résistances qu'on lui oppose imprudemment, ou dans le passé que la destinée lui a fait. Ils sont appelés à disparaître si les événements suivent un cours favorable. A mon sens, le danger n'est pas où vous l'avez vu, il est ailleurs.

La démocratie, avons-nous dit, c'est le gouvernement de la nation par la nation. Dans la démocratie chaque membre de la nation est donc souverain. Mais un souverain qui n'aurait ni le choix ni les moyens de se déterminer serait un souverain bien illusoire. La démocratie suppose donc toutes les libertés politiques : liberté de presse, de réunion, d'association ; la liberté suppose l'excès, sans quoi elle ne serait pas la liberté. Tant que ces excès restent dans le domaine de la pensée, ils peuvent blesser des amours-propres, surexciter les esprits, produire des émotions, alors surtout qu'un pays est, comme le nôtre, parfaitement étranger aux conditions de la vie publique. Mais, au demeurant, ils restent absolument inoffensifs. Je dirai même plus : ils amènent fatalement une réaction qui décime le parti politique qu'ils avaient pour objet de servir. Ce qui fait donc le danger de certains entraînements de plume ou de parole, c'est beaucoup moins l'audace de ceux qui les provoquent que la pusillanimité de ceux qui s'en effrayent.

Mais quand certains hommes cessent de discourir pour agir et qu'ils agissent contrairement à la loi, que je veux supposer l'expression libre et réfléchie de la souveraineté populaire, je ne connais pour les contenir que deux moyens : la force matérielle ou la force morale. L'emploi de la force matérielle a pour conséquence de provoquer la résistance ; la résistance, de provoquer la répression. La colère, la haine, l'esprit de vengeance s'accusent des deux côtés, et, finalement, amènent l'intervention du pouvoir absolu qui, en supprimant les libertés publiques, supprime du même coup les conditions mêmes de la démocratie légitime.

La démocratie ne peut donc vivre de sa vie naturelle et propre que si l'opinion publique est assez puissante et assez forte pour imposer à chacun le respect de la loi. Certaines nations sont pleinement animées de cet esprit. De ce nombre est l'Angleterre.

Il y a quelques années je me trouvais à Londres, un jour qu'un formidable meeting devait avoir lieu dans Hyde-Parc. Cette réunion était annoncée depuis longtemps. On se proposait d'y agiter des questions qui, à ce moment, passionnaient singulièrement l'opinion publique. Le gouvernement avait un intérêt politique considérable à s'opposer à cette manifestation, et la foule savait qu'elle rencontrerait sa résistance. Mais, la liberté de réunion étant considérée dans les traditions anglaises comme inviolable, elle était parfaitement décidée à faire respecter son droit. Plus de cent mille hommes se réunissent au lieu fixé pour le rendez-vous et marchent sur Hyde-Parc. Ils ne rencontrent sur leur parcours aucune force militaire; mais, arrivés à la porte du parc, ils en trouvent les grilles fermées. Ils les enlèvent et se précipitent. Sous l'empire de l'excitation produite par cet acte de violence, ils se livrent à toutes les manifestations de la force triomphante. Il semble, à voir leur attitude provocante, à entendre leurs cris de colère, qu'ils vont tenter une révolution et mettre en péril la couronne d'Angleterre. A ce moment, un constable paraît. Il fait au nom de la reine observer au président de la réunion que le meeting se tient sur les terres de la couronne et que c'est un fait contraire aux lois du royaume. Aux yeux du président le droit est contestable; mais il ne saurait s'en rendre juge. Il proteste; mais il invite le meeting à se dissoudre, et on voit une foule de cent mille hommes se retirer au milieu du plus grand calme.

Je vous entends d'ici m'interpeller et me dire : « Vous figurez-vous la même scène en France ? L'agent de police eût été enlevé comme une plume ou écrasé comme une mouche. » Et, après avoir évoqué les plus sombres souvenirs de nos révolutions, vous écrier : « Voilà pourtant comment les choses se passent en France. » Ah ! messieurs de la droite, ne vous hâtez pas de triompher, cet état misérable, c'est vous, entendez-vous, ou plutôt vos aïeux, dont vous êtes si fiers, qui en portez la terrible responsabilité.

Pendant des siècles, vous avez tenu le peuple en esclavage ; vous en avez fait l'instrument de vos caprices et de vos plaisirs. Vous n'avez développé chez lui aucune idée morale, aucun sentiment de fierté, aucune notion du juste et du droit. Vous l'avez attaché à la glèbe et, d'une créature de Dieu, vous avez fait une bête de somme. Et quand la bête est lâchée, vous vous étonnez qu'elle ravage, et quand elle a ravagé, vous voulez encore la tenir sous le joug. Allons donc ! ce temps n'est plus.

Pendant le cours de son histoire, le peuple n'a reçu d'autre notion que celle de l'obéissance passive et brutale. *Si veut le roi, si veut la loi.* Telle était la devise de l'ancienne monarchie.

Qu'en est-il résulté ? C'est qu'aujourd'hui on craint

la force, mais on est sans respect pour la règle. Est-il possible de réagir? Je le crois fermement; mais à quelles conditions? Faut-il créer un gouvernement qui, sous prétexte de réprimer tous les excès, comprime tous les élans? Il pourra assurer l'ordre matériel, mais il ne donnera pas l'intelligence de la liberté. Il perpétuera la crainte de la force sans inspirer le respect de la loi. Faut-il, au contraire, lâcher la bride à un peuple qui n'a aucune habitude de la vie publique, le jeter sans guide et sans frein au milieu des périls de la liberté pour mieux lui en apprendre l'exercice? Il serait aussi sage de dire à un paralytique : « Si vous ne voulez pas vous casser les os, jetez vos béquilles! »

A mon sens, la solution ne se rencontre que dans des institutions qui soient en accord parfait avec le principe du suffrage universel. Ce qui constitue le problème, c'est que le suffrage universel possède une capacité juridique qui est supérieure à sa capacité réelle. Il faut donc que les lois réagissent sur les mœurs, et que des institutions vraiment démocratiques viennent apprendre au souverain l'exercice de sa souveraineté.

Parmi ces institutions, j'en entrevois quelques-unes que je recommande plus spécialement à votre attention : c'est, en premier lieu, l'enseignement du droit dans toutes les écoles de l'État, et particulièrement dans les écoles primaires; c'est, ensuite, l'établissement du jury en matière civile; c'est, enfin, la création de conseils cantonaux et la publicité de tous les conseils électifs.

Enseignement du droit dans les écoles de l'État.

Aujourd'hui, tous les esprits sensés sont d'accord pour réclamer ardemment l'instruction obligatoire. Quoi de plus légitime, en effet? Puisque nul ne conteste au pouvoir public le droit d'intervenir pour protéger la vie de l'enfant, pourquoi n'aurait-il pas,. au même titre, le droit d'intervenir pour protéger son intelligence? Chose singulière! des vérités aussi simples ne sont contestées que par ceux-là même qui font profession de mépriser les biens du corps pour exalter les pures jouissances de l'âme. Mais suffit-il de savoir lire et écrire pour être un électeur bien avisé? Je ne le pense pas plus que vous. Aussi voudrais-je qu'on donnât aux enfants des notions élémentaires de droit privé et public. Qu'est-ce que la liberté individuelle? la liberté de pensée? Quels sont les droits et les devoirs du père de famille? Qu'appelle-t-on biens, valeur, richesse? Qu'est-ce que le suffrage universel, l'État, le département, la commune? Quel est le principe de l'organisation de la justice, de la police, de la bienfaisance, de l'enseignement? Qu'appelle-t-on sanction de la loi?...

Une réponse précise, raisonnée, à chacune des questions, pourrait mettre dans la tête de l'enfant des idées justes que développeraient plus tard les lectures et les cours d'adultes. Mais vous n'y songez pas! allez-vous me dire; enseigner à des esprits aussi délicats des matières aussi ardues, c'est absolument impraticable. — Permettez. Vous leur enseignez bien un catéchisme religieux, pourquoi ne leur enseignerais-je pas un catéchisme politique? Vous leur apprenez qu'il y a en Dieu trois personnes; que chacune de ces personnes est Dieu, et que pourtant il n'y a qu'un seul Dieu. Est-il donc plus difficile de leur faire comprendre que, l'État étant gouverné par tout le monde, il faut que chacun prenne souci de la chose publique et respecte la loi qui est la sauvegarde de tous.

J'entends dire de tous côtés : « C'est l'Empire qui a amené tous nos désastres. » Et en cela on a parfaitement raison. Mais on oublie de dire que c'est l'affaiblissement des âmes qui a amené l'empire. Le clergé fait des fidèles, l'État fait des soldats; et, sous le règne du suffrage universel, nul ne songe à faire des électeurs!

Établissement du jury en matière civile.

Il est de toute évidence que les lois doivent être appliquées suivant l'esprit qui les a dictées, sans quoi on aboutit à la contradiction, on introduit le doute et l'irrésolution dans les esprits, et on met en péril la confiance que doit inspirer la justice. C'est précisément ce résultat qui est produit quand le corps chargé de les appliquer procède d'une origine différente de celui qui est chargé de les prononcer. Aussi, dans les pays tels que l'Angleterre et les États-Unis, dans lesquels l'opinion gouverne, y a-t-il corrélation intime entre l'organisation électorale et l'organisation judiciaire. Le jury y est établi aussi bien en matière civile qu'en matière criminelle. Je voudrais qu'il en fût de même dans notre pays.

Les questions de droit continueraient à être jugées par les magistrats; mais les questions de fait seraient soumises aux jurés. Cette innovation me paraîtrait de nature à exercer sur les esprits la plus salutaire influence. L'homme qui juge son semblable sait qu'à un jour donné il pourra être jugé par lui, et il est scrupuleux vis-à-vis des intérêts d'autrui pour qu'on le soit vis-à-vis des siens. Il puise dans les hautes fonctions qu'il remplit le sentiment de sa responsabilité et de sa dignité. En entendant les plaidoiries des avocats, il apprend le droit, il s'habitue à une discussion sérieuse et à souffrir la contradiction. La sentence qu'il prononce par cela même qu'elle est l'expression de sa volonté, lui inspire le respect de la chose jugée.

La façon dont la justice sera rendue sera peut-être moins juridique, mais elle sera plus équitable; les juges seront peut-être moins savants, mais les justiciables seront plus éclairés.

Création des conseils cantonaux et publicité
des conseils élus.

La meilleure école de la vie publique est incontestablement la vie publique elle-même. Mais comment la fait-on naître dans un pays qui la comprend, l'aime et la pratique si peu? Les grands intérêts de l'État n'exigent légalement le concours des électeurs qu'au moment des élections, c'est-à-dire à des époques relativement éloignées. Les intérêts du département se traitent au chef-lieu, c'est-à-dire en un point qui n'est pas à proximité de tous. Je ne parle pas de l'arrondissement, qui ne représente qu'une division essentiellement fictive et pourrait être sup-

primé sans inconvénient. Les affaires municipales,
au contraire, se discutent sous les yeux mêmes du
paysan. Si son intelligence ne s'élève que difficile-
ment à la conception de l'idée abstraite de l'État et
des principes qui président à son organisation, il
comprend fort nettement le fonctionnement des
pouvoirs lorsqu'ils se présentent à lui sous la forme
du conseil municipal, du maire et du garde cham-
pêtre. Il se passionne volontiers pour les affaires locales, parce qu'il saisit sur le vif les conséquences
immédiates de son insouciance. Malheureusement
cette passion, excellente en elle-même, dégénère le
plus souvent en animosités personnelles et en luttes
stériles. Cela vient de ce que l'activité se produit
dans un cercle fort restreint, et de ce qu'elle ne
rencontre pas d'intelligences capables de la diriger.
Il faudrait obtenir un centre plus éclairé que la
commune rurale et moins éloigné que le chef-lieu
du département. Où le trouver? Au chef-lieu de
canton. Il y a là des germes très-évidents de la vie
civile et politique. Les gens de la campagne s'y ren-
dent pour y négocier leurs affaires et y chercher
les nouvelles. On y rencontre un ou plusieurs no-
taires et médecins, quelques industriels et commerçants. On y tient plusieurs fois l'an une foire et un
marché. On y trouve des moyens de transport et
fréquemment une station de chemin de fer. Les services publics y sont représentés par le juge de paix,

le percepteur, l'agent-voyer, la brigade de gendarmerie. Mais ces éléments sont disséminés ; ils sont sans force, parce qu'ils sont sans cohésion. Il y a, en outre, entre les diverses communes du canton en matière de voirie, de police, d'instruction publique, des intérêts communs qui ne reçoivent qu'une demi-satisfaction, et qui demanderaient à être centralisés. Pour ces raisons, je voudrais voir constituer la personnalité morale du canton.

Elle serait représentée par un magistrat élu, assisté d'un conseil cantonal. Les séances du conseil seraient publiques. Il est vraiment incroyable que les séances des conseils municipaux ne le soient pas. Un de mes amis, professeur à l'Université de Zurich, m'affirmait que dans la plupart des assemblées cantonales de la Suisse il y avait une place réservée pour les enfants des écoles. Entendre discuter les affaires de la cité ou de l'État, cela fait partie de l'instruction publique.

J'imagine que si le pouvoir cantonal était constitué en France, il se produirait autour de ce petit gouvernement une activité saine et féconde. Les instituteurs du canton pourraient être appelés tous les dimanches à discuter en séance publique des questions élémentaires d'histoire, de grammaire, d'économie agricole. Ces conférences seraient pour eux une excellente école mutuelle et pour les auditeurs un excellent cours d'enseignement. Elles amèneraient la création d'une bibliothèque populaire, et la bibliothèque, en formant un lieu de réunion pour les moins illettrés, pourrait leur inspirer l'idée de former des associations de crédit, de consommation, de secours. Je voudrais voir un journal hebdomadaire, une revue, se fonder dans le canton même et se faire l'organe de ses intérêts.

Je sais, monsieur, que ce sont là des préoccupations qui sont, hélas, bien étrangères à l'esprit de vos amis et doivent avoir le privilége d'exciter vos sourires; mais quand on a quelque peu voyagé dans les pays libres, quand on a été témoin de cette activité prodigieuse qui s'y développe, avec autant de calme que de persévérance; quand on sait que dans certaines parties de l'Amérique, à peine ouvertes à la civilisation, les colons s'occupent de créer un organe de publicité avant même de songer à élever des établissements; quand on a parcouru l'Angleterre, et qu'on a vu dans les moindres bourgs des maisons particulières porter ces inscriptions qui réjouissent le cœur : *Edificated by voluntary contributions*, et plus bas : *School, hospital, cooperative association*; et qu'au retour on met le pied sur cette terre de France, dans ce pays qui a donné tant de liberté au monde et en a gardé si peu, on demeure confondu de douleur et d'humiliation. On ne songe pas à sourire, monsieur, on pleure.

Des réformes comme celles que je viens de vous

citer à titre d'exemple, pourraient produire d'utiles résultats, et n'ont rien en soi d'utopique. Mais ce sont des réformes, et dans notre pays qui est si routinier, malgré son goût pour les aventures, tout ce qui est nouveau effraye; et pourtant de petites innovations comme celles-là peuvent nous préserver de ces grandes innovations qu'on appelle des révolutions, ou des coups d'État, et de ces grandes guerres qu'on paye avec deux provinces et cinq milliards. Je vous disais précédemment, monsieur, et je crois avec raison qu'il n'y a actuellement en dehors du suffrage universel aucun principe commun qui puisse rallier les esprits, mais je ne désespère pas de le voir naître, et si la nation pouvait acquérir le respect du droit et l'amour de la liberté, il y aurait en peu de temps des habitudes prises contre lesquelles viendrait se briser le caprice des majorités. Je ne comprends pas comment vous, messieurs les conservateurs, vous contestez des vérités aussi simples, ou, si vous ne les contestez pas, comment vous vous montrez si hostiles aux progrès que nous sollicitons.

§ IV. — *Du Gouvernement.*

Pour créer des institutions démocratiques, il faut un gouvernement résolu qui prenne l'initiative de les proposer, qui ait le courage de les soutenir, la volonté de les appliquer et le moyen de les faire respecter. Or, pour qu'un gouvernement ose entreprendre, il faut qu'il se sente fort; à quelles conditions l'est-il? Est-ce, comme vous le prétendez, quand il est obéi par l'armée. Sans doute l'armée est une puissance dont il ne convient pas de nier l'efficacité, mais le moral de l'armée a besoin d'être soutenu par une idée, et lorsque cette idée fait défaut la discipline faiblit et des germes de dissolution ne tardent pas à se produire. Est-ce lorsque le gouvernement est acclamé par le suffrage universel? Sans doute aucun pouvoir ne saurait s'établir sans son concours, mais l'histoire contemporaine nous a appris combien ses volontés sont changeantes, et avec quelle facilité les événements se chargeaient de détruire ce qu'il paraissait avoir fondé.

En conséquence, bien qu'un gouvernement doive s'appuyer sur le suffrage universel pour représenter la loi et sur l'armée pour la faire exécuter, c'est ailleurs qu'il doit chercher sa force véritable. Il ne peut la trouver que dans cette puissance dont la manifestation est légalement insaisissable, mais qui se révèle effectivement à qui veut ouvrir les yeux à la lumière, et qui se nomme l'*opinion publique*. Qu'il se prête de bonne grâce à ses fluctuations, et mette son honneur à rester son expression constante et sincère, et il pourra beaucoup entreprendre parce qu'il aura la certitude d'être énergiquement soutenu. L'opinion publique est donc la grande souveraine des temps modernes, et, comme l'a dit un homme dont la chute devait être l'éclatante démonstration du précepte : c'est toujours à elle que reste la dernière victoire.

Malheureusement en France l'opinion publique est plus impressionnée par les discussions de principes que par les données de l'expérience. Les hommes qui exercent sur elle le plus d'influence sont des doctrinaires plutôt que des hommes d'affaires. Ils ont une tendance marquée à être beaucoup plus sévères sur les moyens employés que sur l'insuffisance des résultats obtenus. Aussi, lorsqu'ils sont appelés par les circonstances à la direction des affaires publiques, se trouvent-ils dans l'alternative suivante : ou bien refuser, étant au pouvoir, ce qu'ils ont demandé dans l'opposition, et alors révolter le sentiment public; ou bien appliquer leurs doctrines

et aboutir à des conséquences qui, pour être lo-
giques, n'en sont pas moins impraticables. Il serait
temps de descendre de ces nuages politiques qu'on
appelle *des doctrines* pour venir sur terre examiner
ce qui s'y passe. En Angleterre l'opinion publique
est toute-puissante, le respect de la loi est scrupu-
leusement observé, et pourtant il n'y a pas un pays
où la politique ait un caractère plus utilitaire. Si
nous voulons que le gouvernement démocratique
fasse d'utile besogne, il faut donc lui laisser une
certaine indépendance, et, au lieu de le critiquer
sur la façon dont il use du pouvoir, lui demander
compte de l'usage qu'il en fait.

En résumé, je demande, suivant une expression
aujourd'hui consacrée, l'intégrité du suffrage universel, l'application sincère de tous les principes
posés par la révolution de 1789 et acceptés par vos
amis eux-mêmes. Je demande, notamment, que les
fonctions publiques soient données à l'élection ou au
concours, et que la hiérarchie sociale n'ait d'autre
base que la volonté des électeurs ou le mérite personnel. Je conseille à la bourgeoisie de se départir
de ses habitudes de convention qui entretiennent
l'irritation dans les esprits et empêchent nos mœurs,
essentiellement bienveillantes, de prendre leur libre
essor. Je veux créer des institutions vraiment en
rapport avec les principes du Gouvernement qui

inspirent au peuple avec le respect de la loi, l'amour de la liberté; et je veux, pour les appliquer, un pouvoir qui puise dans l'opinion publique sa résolution et son indépendance. Telle est ma démocratie. Est-elle donc bien effrayante?

RÉPONSE

A LA TROISIÈME LETTRE

LE CONSERVATEUR AU RÉPUBLICAIN

MONSIEUR,

La démocratie française, se présentant avec les caractères que vous indiquez, m'apparaît comme une pure utopie, et je m'étonne que vous, qui avez la prétention de ne prendre conseil que de l'expérience et des faits, vous vous laissiez séduire par de semblables chimères.

Dans quel temps et dans quel pays trouvez-vous donc des précédents?... Ce n'est certes ni dans les républiques anciennes ni dans les républiques du moyen âge. Vous savez aussi bien que moi combien leur état social différait du nôtre.

Est-ce en Angleterre, où la Constitution repose sur des principes essentiellement aristocratiques et où une grande partie de la population croupit dans la misère et l'abandon?

Est-ce aux États-Unis, où les majorités sont ca-
pricieuses, brutales et indisciplinées, et où les
mœurs n'ont certainement pas ce cachet de bien-
séance et de mesure que vous voudriez, avec raison,
conserver à notre pays?

Serait-ce, par hasard, en Suisse, dans ce mignon
pays tout rempli de chalets et de fermières aux
gracieux costumes? Vous voulez donc faire de la
France une démocratie d'opéra-comique?

Ce qui me confirme dans cette pensée que votre
conception est plus chimérique que réalisable,
c'est que vous évitez de définir et de dénommer le
gouvernement démocratique auquel vous accordez
cependant une part d'influence et de direction considérable. Je voudrais savoir sous quelle forme
vous entendez le constituer. Sera-ce une monarchie? Sera-ce une république?

QUATRIÈME LETTRE.

RÉPUBLIQUE OU EMPIRE.

LE RÉPUBLICAIN AU CONSERVATEUR.

Non, monsieur, ma conception n'est pas un rêve, c'est tout au plus un idéal. Or, je ne suppose pas que vous vouliez exclure l'idéal de l'esprit des hommes. A coup sûr aucune tentative ne serait moins pratique, car elle ravirait aux nations le feu sacré qui leur donne la vie et la force qui les fait marcher dans la voie du progrès. Pour parler familièrement, croyez-vous qu'on atteindrait jamais le milieu du mât si on ne partait pas avec l'espoir de décrocher la timbale?

Je confesse bien volontiers, monsieur, qu'il n'y a eu dans le passé, pas plus qu'il n'y a dans le présent, aucun état politique absolument identique à celui que je désire pour mon pays; mais c'est précisément cette considération qui me rassure, et me donne à croire que ma pensée n'est point irréalisable. Avant de crier au paradoxe, écoutez-moi.

Pensez-vous que les institutions de l'Angleterre, qui reposent sur des traditions aristocratiques respectées depuis des siècles par les gens du peuple eux-mêmes, soient applicables à la France où les masses sont possédées d'un excessif amour de l'égalité?

Pensez-vous que les mœurs américaines, qui ont pris naissance dans un pays sans histoire, au milieu de colons habitués aux intempéries de la vie libre, affranchis de tout préjugé de naissance, sollicités aux aventures par les grands espaces qui s'ouvraient devant eux, soient applicables à la France dont l'existence compte plus d'un millier d'années, à des hommes dont les uns sont profondément imbus de l'esprit nobiliaire et monarchique, et dont les autres, habitués à une longue domination, sont profondément étrangers à l'esprit d'entreprise, au milieu enfin d'une population agglomérée où se multiplient les points de contact et les motifs d'irritation?

Pensez-vous que le régime politique de la Suisse, qui est fondé sur la fédération des États et laisse à chacun d'eux son autonomie, soit applicable à la France, dont l'histoire n'est qu'un long et puissant effort vers la centralisation?

Chaque peuple a des traditions, des coutumes,

un tempérament différents qu'il faut savoir respecter, sous peine d'aboutir à des résultats complétement chimériques. Les Anglais, auxquels vous ne refuserez pas l'esprit pratique, laissent à leurs colonies le soin de se constituer comme elles l'entendent, et ne leur imposent qu'une chose, c'est la liberté.

C'est parce que je tiens compte de ces vérités que, sans renoncer à emprunter à toutes les nations libres, et particulièrement aux Américains, des institutions excellentes, je n'ai pas émis la folle pensée de vouloir modeler l'état social de la France sur celui d'un pays étranger.

J'ai donc essayé de résumer à la fin de ma dernière lettre, les conditions qui me semblaient possibles, non moins que nécessaires, pour constituer la démocratie française, et je crois qu'en les examinant vous reconnaîtrez qu'elles ont des racines dans le passé, et ne présentent rien d'antipathique à l'esprit public.

Si je désire, comme vous le faites remarquer, que le gouvernement ait une grande part d'influence et de direction, c'est que le pays aime à sentir la main du pouvoir, et que le meilleur moyen de lui faire perdre cette détestable habitude sans la contrarier, c'est de constituer un gouvernement assez fort pour lui apprendre à se gouverner et assez solide pour se rendre inutile. Ce gouvernement, je ne le conçois que sous la forme républicaine, et c'est ce qui me semble résulter invinciblement des principes que j'ai posés.

Vous avez reconnu avec moi qu'en dépit des résistances individuelles qui pouvaient se manifester, la France était nécessairement vouée au suffrage universel. J'écarte donc, du même coup, deux formes de monarchies que nous avons connues : celle d'Henri V et celle des d'Orléans ; la première parce qu'elle exclut le suffrage universel comme principe de souveraineté , et la seconde parce qu'elle le restreint au point d'en faire le privilége d'une classe. Si à la faveur de circonstances que je ne puis prévoir elles arrivaient à s'établir, elles seraient emportées par le souffle populaire comme un fétu de paille par un vent d'orage.

La démocratie ne peut se présenter à nous que sous deux aspects : ou bien elle abdique sa souveraineté en vertu de sa souveraineté même, ou bien elle en délègue l'exercice. Dans le premier cas, elle dit à un ou plusieurs hommes : « Voici mes droits, je vous les abandonne ; usez-en comme il vous plaira et réglez ma destinée comme vous l'entendrez. » C'est la servitude volontaire. Dans le second, elle tient le langage suivant : « La souveraineté réside en moi, je ne puis l'aliéner à votre profit, mais je puis vous donner pouvoir d'agir en mon nom à propos de telle ou telle question déterminée. »

Chacun de ces aspects prend une forme particulière. Je trouve le type de la première dans l'empire bonapartiste, et le type de la seconde dans la République américaine.

L'Empire renferme une évidente contradiction. En effet, si le principe du suffrage universel existe, il existe pour toutes les générations indistinctement. Une génération a donc toujours le droit de revendiquer la souveraineté abdiquée par la précédente; mais pour pouvoir l'arracher à l'homme qui la détient, il faut avoir recours à la force. Pour prévenir cet acte de virilité le pouvoir n'a qu'une ressource, c'est d'enchaîner la victime pendant qu'il l'amuse avec de la gloire ou des jeux et de lui inoculer le virus qui doit empoisonner les générations futures. Cela s'appelle corrompre. Le principe de l'Empire, c'est la corruption.

N'ayant pu faire illusion avec les gloires de l'expédition du Mexique, il songea à donner au pays des demi-libertés en guise de jouets. Mais il faisait là un jeu dangereux. Du moment où l'Empire se faisait libéral, il se laissait discuter; du moment où il se laissait discuter, il se perdait, parce que son principe ne résistait pas à la discussion. Il n'a jamais été si faible que le jour où le plébiscite lui donnait sept millions de voix, car ce second appel au peuple était un premier aveu d'impuissance. Il a voulu faire une grande guerre pour racheter sa faute, mais l'origine de sa chute n'est pas dans la défaite, elle est dans son inconséquence. L'Empire ne peut pas ne pas être corrupteur. Le jour où il a voulu l'être moins, il est mort. Il a été tué par le syllogisme.

La République, au contraire, est la seule forme logique de la démocratie, parce que seule elle la laisse constamment en possession de ses droits et se prête à toutes ses conditions d'existence. Or, lorsque l'ordre est troublé, il n'y a pour le rétablir, et j'ai eu l'occasion de le constater, que deux moyens : l'appel à la force matérielle ou l'appel à la force morale. L'intervention de la force matérielle a pour conséquence l'établissement du pouvoir absolu. Celui qui l'exerce a une tendance presque nécessaire à se perpétuer dans sa descendance. D'électif le pouvoir devient héréditaire, et l'Empire est constitué. La République ne peut donc vivre qu'appuyée sur la force morale. Le respect de la légalité est son principe vital.

Entre la décadence par la corruption et le progrès par la légalité, entre l'Empire et la République, choisissez.

RÉPONSE

A LA QUATRIÈME LETTRE

—

LE CONSERVATEUR AU RÉPUBLICAIN.

Monsieur,

Mon choix est tout fait, vous le pensez bien, et je considère comme vous que le retour de l'Empire serait le dernier degré de l'humiliation et de la décrépitude ; mais parfois je me demande si ce n'est pas là le sort qui nous est réservé. Cette pensée m'est inspirée par les réflexions philosophiques auxquelles je me livre tout en plantant mes choux.

Le blé que je recueille procède du grain que j'ai semé, et aussi du terrain au milieu duquel il a germé. Que la qualité de l'un de ces deux éléments vienne à se modifier, la qualité du blé se modifiera. J'ai multiplié mes observations, j'ai généralisé, et je suis arrivé à constater que tout ce qui naît, croît, vit dans la nature, les plantes comme les animaux, les animaux comme les hommes, les hommes comme

les nations, procèdent de deux sources bien distinctes : 1° la nature même de l'être ; 2° les circonstances au milieu desquelles il se développe. S'il
était donné à l'intelligence humaine de connaître
ces deux éléments et les lois suivant lesquelles ils
réagissent et se combinent, on pourrait presque à
coup sûr prédire la destinée d'un chacun. Quand
je veux appliquer ces données à l'avenir de mon
pays, voici ce que j'observe :

D'une part, je reconnais avec vous que le peuple
a gémi pendant des siècles, accablé sous le poids
des priviléges. Or, il est constant que l'oppression
inspire une aversion beaucoup plus grande contre
les oppresseurs que contre l'oppression même. Quiconque a été opprimé veut opprimer à son tour. Il en
résulte qu'en France chacun a la prétention d'être le
maître, ce qui nous ramène à la démocratie césarienne, où personne ne l'est.

D'autre part, quand j'étudie le caractère particulier de notre nation, j'arrive à une conclusion identique. Il m'apparaît que les qualités qui distinguent
le génie français sont l'imagination, la logique et
l'esprit critique. Une idée brillante passe ; elle le sé-
duit, le captive ; il s'en fait l'apôtre et devient un vul-
garisateur admirable. Puis, sans prendre garde que
la sagesse se compose de beaucoup de sacrifices faits
à la logique, il tire de l'idée toutes les conséquences
dont elle est susceptible jusqu'à ce qu'il se heurte

à un résultat qui révolte son bon sens. Mais, comme son sens critique est aussi sceptique et railleur que son imagination est naïve et confiante, il devient aussi exclusif dans le dénigrement qu'il l'a été dans l'admiration. Sous l'empire de la réaction qui se produit il va demander à une idée absolument contraire les satisfactions que la première lui a refusées, et il en éprouve une déception nouvelle C'est ainsi que le peuple français, qui est tourmenté par la recherche de la mesure, mais qui a trop d'esprit pour la trouver nulle part, se balance comme un pendule fol sans jamais atteindre son équilibre jusqu'au jour où il s'arrête et s'abandonne.

La vie de ce pays et de ce siècle s'est incarnée dans un poëte, qui lui aussi était épris de généreuses pensées : son imagination faisait naître l'idéal ; mais son esprit critique le faisait évanouir. Il s'est découragé et est allé s'éteindre au milieu de honteux plaisirs. Ils sont plusieurs qui finirent ainsi, et c'était les plus délicats parmi les plus illustres.

Je conclus, et, soit que j'envisage les traditions de la France, soit que j'envisage sa nature, je pressens qu'elle sera inévitablement conduite vers le pouvoir absolu, qui est pour les peuples ce que la débauche est pour les hommes, le dernier terme de l'ambition vaincue ou de l'illusion perdue.

CINQUIÈME LETTRE.

—

LA BOURGEOISIE DES CAMPAGNES.

———

LE RÉPUBLICAIN AU CONSERVATEUR.

Dieu merci, monsieur, les déceptions n'ont pas toujours, pour les individus et les peuples, les tragiques conséquences que vous prévoyez. En ma qualité de notaire, j'ai négocié bien des mariages et reçu les confidences de bien des épouseurs. J'ai toujours vu que les hommes dont la conduite avait été dissipée et la vie orageuse se faisaient à merveille à la vie de famille, quand ils rencontraient une femme assez intelligente pour la leur faire aimer. J'ai bon espoir que notre pays, lui aussi, puisera dans les souvenirs du passé des comparaisons qui seront tout à l'avantage du présent. Comme une bonne ménagère, la République a payé la plus grande partie des dettes, mis l'ordre dans la caisse, cherché à ramener la paix au foyer et donné du cœur à l'ouvrage. Si elle se sent soutenue et aimée, elle prendra de l'autorité sur les enfants, et préparera une génération libre et forte, amoureuse et sage. Déjà le pays reconnaissant ne laisse échapper aucune occasion de lui témoigner son estime et sa confiance. A tout moment il l'acclame. Quand donc trouverez-vous des circonstances plus favorables, et comment osez-vous dire que la France pourra jamais s'abandonner à cette prostituée cynique, sensuelle, avide, qui lui a déjà dévoré plusieurs milliards et lui mangera jusqu'à son dernier sou?

Quant à la critique que vous faites des tendances de l'esprit national, elle n'est applicable qu'au monde des grandes villes, et particulièrement au monde parisien. Paris renferme tous les biens que sollicitent l'ambition des hommes : réputation, honneurs, richesses. Pour les obtenir, il faut vaincre la résistance de volontés rivales et âpres. L'imagination est incessamment surexcitée par la recherche des moyens, les ardeurs de la lutte, les émotions du triomphe ou de la défaite. Il est donc naturel qu'au milieu de cette tourmente de la pensée, l'esprit public bondisse d'une idée à une autre, en quête du courant qui doit la conduire au succès, et qu'il tombe d'épuisement quand il a touché l'écueil; mais lorsque le suffrage universel sera entré en possession de lui-même, l'opinion publique se grossira d'intelligences qui lui apporteront des éléments de solidité dont elle a été privée jusqu'à ce jour, et recevra une direction toute nouvelle.

La haute bourgeoisie pouvait prendre une grande attitude. Elle avait à jouer un rôle analogue à celui que l'aristocratie anglaise a soutenu depuis le XIIIe siècle. Elle devait plonger hardiment dans le flot populaire et mettre au service de la démocratie ses richesses, son influence et son expérience des affaires. Si elle avait pris hardiment la tête du mouvement, elle aurait pu non pas le ralentir, mais le diriger et assurer pacifiquement la grandeur de la France en même temps que revendiquer l'honneur de l'avoir fondée. Mais c'est d'elle surtout qu'il est vrai de dire qu'elle n'a rien oublié ni rien appris. Elle n'a aucun sentiment des aspirations modernes, aucune intelligence des nécessités du progrès. Elle est tracassière, hautaine, provoquante, et serait impitoyable si elle était la plus forte. La République se serait faite avec elle si elle l'avait soutenue. Elle se fera sans elle puisqu'elle la dédaigne, et peut-être contre elle si elle la combat.

La superbe position qu'elle a abandonnée avec tant d'imprudence va être occupée par cette partie de la société française qui, sortant du travail pour entrer dans l'aisance, résume en elle toutes les tendances ainsi que les intérêts, et se nomme la petite bourgeoisie. Elle se recrute partout, dans les villes comme dans les campagnes, mais surtout dans les campagnes. Les hommes qui la composent n'ont aucun moyen de faire fortune en dehors du travail, et aucune satisfaction en dehors de la famille. Aussi sont-ils travailleurs et rangés. Leur pensée est quelquefois bornée, parce que le cercle de leurs relations est peu étendu ; ils sont timides, parce qu'ils vivent sous l'œil du voisin ; mais ils sont réfléchis et prudents. Ils sont plus touchés par les faits que par les principes. Ils mettent quelque lenteur à comprendre, mais quand ils ont compris ils n'oublient pas. Ils ont été rebelles à la République tant qu'elle n'était qu'une conception, mais aujourd'hui qu'elle est une réalité, ils l'apprécient. Ils ont été les derniers à l'accueillir, ils seraient les derniers à la défendre. Il y a dans la petite bourgeoisie comme une solide réserve du parti républicain ; et qu'on ne dise pas qu'elle conçoit la République animée d'un esprit monarchique : elle est essentiellement démocratique. Quand M. Thiers a dit, en présence d'une réunion de ducs et de grands personnages : « Je ne suis, moi, qu'un petit bourgeois », il s'est acquis autant de popularité que le jour où il a négocié la délivrance du territoire.

Mais, s'il est vrai de dire que dans les grandes villes l'agitation va jusqu'à la fièvre, il faut reconnaître que dans les campagnes le calme dégénère souvent en torpeur. C'est pour réagir contre cette disposition fatale que je voudrais voir constituer dans les chefs-lieux de canton un centre de vie politique. Au lieu de cette flamme unique qui brûle dans les grandes villes, et s'éteint ou s'attise au gré du vent, nous aurions en France de petits foyers de lumière et d'indépendance qui entretiendraient dans le pays une chaleur bienfaisante et continue.

Que les petits bourgeois soient ambitieux à leur tour; qu'ils sollicitent l'entrée des conseils municipaux, cantonaux, généraux; qu'ils acquièrent l'expérience des affaires publiques et qu'ils viennent former la majorité dans l'Assemblée, ce jour-là la République sera à l'abri des surprises et des caprices, parce qu'elle sera protégée par une opinion publique réfléchie et persévérante.

Tel est, monsieur, le dernier point auquel puisse nous conduire cette longue discussion. Je crois qu'il est temps de la résumer et je conclus de la manière suivante :

1° La démocratie a pris définitivement possession de la France.

2° S'il n'est pas possible de lui résister, il est possible de la diriger.

3° Elle exclut désormais toute forme de gouvernement autre que la monarchie Césarienne ou la république.

4° Sous la forme républicaine, elle acceptera la

direction de la petite bourgeoisie, directement issue de l'élément populaire.

Je ne crois pas, monsieur, que ces conclusions soient de nature à effrayer un esprit sensé, et je vous engage à réfléchir avant de les repousser.

En 1848, vous n'avez pas voulu crier *Vive la Réforme*, et vous avez eu le suffrage universel.

Vous avez voté la loi du 31 mai, en haine de la démocratie, et vous avez eu la démocratie impériale, la pire de toutes.

Lors du plébiscite, vous avez voté *oui* pour avoir la paix, et vous avez eu la guerre.

Gardez-vous aujourd'hui de voter contre le suffrage universel pour avoir l'ordre, car vous auriez la révolution.

On a dit, avec une profonde raison : « La République sera conservatrice, ou elle ne sera pas. » Permettez-moi d'ajouter : « Elle sera démocratique, ou elle ne sera pas conservatrice. »

TABLE DES MATIÈRES.

———

1503. — Imprimerie Jouaust, rue Saint-Honoré, 338,